CONVENTION NATIONALE.

RAPPORT ET PROJET DE DÉCRET,

Sur la conduite des Généraux français dans les pays occupés par les armées de la République,

PRÉSENTÉS

A LA CONVENTION NATIONALE,

AU NOM DES COMITÉS DES FINANCES, MILITAIRE ET DIPLOMATIQUE,

PAR le Citoyen CAMBON, Député par le Département de l'Hérault,

A la Séance du 15 Décembre 1792, l'an premier de la République française.

Extrait du Moniteur.

A PARIS,
DE L'IMPRIMERIE NATIONALE.
1793.

CONVENTION NATIONALE.

RAPPORT

ET

PROJET DE DÉCRET,

Sur la conduite des Généraux français dans les pays occupés par les armées de la République,

PRÉSENTÉS

A LA CONVENTION NATIONALE,

AU NOM DES COMITÉS DES FINANCES, MILITAIRE ET DIPLOMATIQUE,

Par le Citoyen CAMBON, Député par le Département de l'Hérault,

A la Séance du 15 Décembre 1792, l'an premier de la République française.

[illegible] du Moniteur.

A PARIS,
DE L'IMPRIMERIE NATIONALE.
1793.

RAPPORT

ET

PROJET DE DÉCRET

Sur la conduite des Généraux français dans les pays occupés par les armées de la République,

PRÉSENTÉS

A LA CONVENTION NATIONALE,

AU NOM DES COMITÉS DES FINANCES, MILITAIRE ET DIPLOMATIQUE,

PAR le Citoyen CAMBON, Député par le Département de l'Herault,

A la Séance du 15 décembre 1792, l'an premier de la République française.

VOUS avez chargé trois de vos comités de l'examen de plusieurs lettres des généraux des armées qui sont actuellement sur le territoire étranger : elles portent plainte du dénuement en vivres, fourrages, habillement et numéraire, où se trouvent les armées qui sont sous leurs ordres ; ils vous demandent d'établir des principes pour régler la conduite politique qu'ils doivent tenir en pays étranger.

Déjà vos comités vous ont proposé divers moyens pour ramener l'abondance dans les armées, et pour pourvoir aux besoins imprévus qu'elles peuvent éprouver; ils s'occupent, dans ce moment, de l'examen de la conduite des divers agens du pouvoir exécutif chargés de pourvoir aux approvisionnemens des armées de la République; et après avoir découvert quels sont les coupables qui ont occasionné le dénuement où elles se trouvent, ils s'empresseront de vous les dénoncer.

Je viens au nom de vos trois comités vous proposer les mesures qu'ils croient convenables pour régler la conduite des généraux, et pour établir les principes que nous devons suivre dans la guerre qu'on nous a forcés d'entreprendre.

Avant d'établir les bases du travail de vos comités, je dois vous rendre compte de la conduite qu'ils ont tenue dans leurs délibérations. Ils se sont assemblés pendant quatre jours avec le conseil exécutif que vous leur aviez ordonné de s'adjoindre, avec les commissaires de la trésorerie, avec les directeurs des vivres et des habillemens; et ce n'est qu'avec le concours de toutes les instructions qu'il leur a été possible de recueillir, qu'ils ont redigé le projet de décret que je suis chargé de vous soumettre.

Ils se sont demandé d'abord quel est l'objet de la guerre que vous avez entreprise. C'est sans doute l'anéantissement de tous les priviléges. Guerre aux châteaux, paix aux chaumières. Voilà les principes que vous avez posés en la déclarant : tout ce qui est privilégié, tout ce qui est tyran, doit donc être traité en ennemi dans les pays où nous entrons. Telle est la conséquence naturelle de ces principes.

Quelle a été au contraire jusqu'ici notre conduite ? Les généraux, en entrant en pays ennemi, y ont trouvé les tyrans et leurs satellites ; le courage des Français libres fait fuir les uns et les autres ; ils sont entrés dans les villes en triomphateurs et en frères ; ils ont dit aux peuples : vous êtes libres ; mais ils se sont bornés à des paroles. Nos généraux, embarrassés sur la conduite qu'ils avoient à tenir, nous ont demandé des règles et des principes pour les diriger. Montesquiou nous adressa le premier un mémoire à ce sujet. Deux rapports vous furent faits par le comité diplomatique, le 20 et le 24 octobre dernier. Ces rapports ont été imprimés ; mais les décisions qui y étoient projetées vous ont peut-être paru insuffisantes, et vous n'en avez pas encore fait le sujet de vos délibérations ; les principes qu'ils contiennent vous sont suffisamment connus ; il est inutile que je les remette sous vos yeux.

Le général Custine, à peine entré en Allemagne, vous a demandé s'il devoit supprimer les droits féodaux, les dîmes, les priviléges, en un mot tout ce qui tient à la servitude, et s'il devoit établir des contributions sur les nobles, les prêtres et les riches, en indemnité des secours qu'ils avoient accordés aux émigrés ; vous n'avez rien répondu à toutes ses demandes : en attendant, il a pensé ne devoir pas laisser péricliter les intérêts de la République. Il a exigé des contributions des nobles, des prêtres et des riches ;

on a accusé sa conduite, quoiqu'il vous ait soumis les motifs de ces contributions diverses; et ses ennemis ont voulu en tirer avantage contre lui, notamment à raison des 1,500,000 florins qu'il a imposés sur Francfort. Depuis ce temps Francfort a été repris; et vous avez frémi au récit des nouvelles vêpres siciliennes qui ont ensanglanté cette ville.

Dumouriez, en entrant dans la Belgique, a annoncé de grands principes de philosophie; mais il s'est borné à faire des adresses aux peuples. Il a jusqu'ici tout respecté, nobles, privilèges, corvées, féodalité, etc.; tout est encore sur pied; tous les préjugés gouvernent encore ces pays : le peuple n'y est rien, c'est-à-dire que nous lui avons promis de le rendre heureux, de le délivrer de ses oppresseurs, mais que nous nous sommes bornés à des paroles. Le peuple, asservi à l'aristocratie sacerdotale et nobilière, n'a pas eu la force, seul, de rompre ses fers; et nous n'avons rien fait pour l'aider à s'en dégager.

Le général a cru, d'après les instructions du conseil exécutif, devoir rendre hommage à la souveraineté et l'indépendance du peuple; il n'a pas voulu avoir recours à des contributions extraordinaires; il a tout respecté; et lorsque nos convois passent à quelques barrières ou péages, ils y payent les droits ordinaires. Ce général a pensé ne devoir pas même forcer les habitans à fournir des magasins et des approvisionnemens à nos armées. Ces principes philosophiques sont les nôtres; mais nous ne voulons pas, nous ne devons pas respecter les usurpateurs: tous ceux qui jouissent d'immunités et de privilèges sont nos ennemis; il faut les détruire, autrement, notre propre liberté seroit en péril. Ce n'est pas aux rois seuls que nous avons à faire la guerre; car s'ils étoient isolés, nous n'aurions que dix à douze têtes à faire tomber : nous avons à combattre tous leurs complices, les castes privilégiées, qui, sous le nom des rois, ruinent et oppriment le peuple depuis plusieurs siècles.

Vos comités se sont donc dit : tout ce qui, dans les pays où les Français porteront les armes, existe en vertu de la tyrannie et du despotisme, ne doit être considéré que comme une vraie usurpation ; car les rois n'avoient pas le droit d'établir des privilèges en faveur du petit nombre et au détriment de la classe la plus industrieuse. La France elle-même, lorsqu'elle s'est levée le 17 juin 1789, a proclamé ces principes : rien n'étoit légal, a-t-elle dit, sous le despotisme ; je détruis tout ce qui existe, par un seul acte de ma volonté. Ainsi, le 17 juin, lorsque les représentans du peuple se furent constitués en Assemblée nationale, ils s'empressèrent de supprimer tous les impôts existans ; dans la nuit du 4 août, ils s'empressèrent de détruire la noblesse, la féodalité et tout ce qui tenoit à la féodalité, qu'un reste de préjugé avoit fait respecter. Voilà, n'en doutons pas, quelle est la conduite que doit tenir le peuple qui veut être libre et faire une révolution : s'il n'a pas les moyens de la faire par lui-même, il faut que son libérateur le supplée et agisse pour son intérêt, en exerçant momentanément le pouvoir révolutionnaire.

Les peuples chez lesquels les armées de la République ont porté la liberté, n'ayant pas l'expérience nécessaire pour rétablir leurs droits, il faut que nous nous déclarions pouvoir révolutionnaire, et que nous détruisions l'ancien régime qui les tenoit asservis. Nous n'irons point chercher de comité particulier ; nous ne devons point nous couvrir du manteau des hommes ;

nous n'avons pas besoin de ces petites ruses. Nous devons, au contraire, environner nos actions de tout l'éclat de la raison et de la toute-puissance nationale. Il seroit inutile de déguiser notre marche et nos principes. Déja les tyrans les connoissent; et vous venez d'entendre ce qu'écrit, à cet égard, le Stathouder; lorsque nous entrons dans un pays, c'est à nous à sonner le tocsin; si nous ne le sonnons pas, si nous ne proclamons pas solemnellement la déchéance des tyrans et des privilèges, le peuple, accoutumé à courber sa tête sous les chaînes du despotisme, ne seroit pas assez fort pour briser ses fers; il n'oseroit pas se lever, si nous ne lui donnions que des espérances, et si nous lui refusions une assistance effective.

Ainsi donc, si nous sommes pouvoir révolutionnaire, tout ce qui existe de contraire aux droits du peuple doit être abattu dès que nous entrons dans le pays; en conséquence, il faut que nous proclamions nos principes, que nous détruisions toutes les tyrannies, et que rien de ce qui existoit, ne résiste au pouvoir que nous exerçons.

Vos comités ont donc pensé qu'après avoir expulsé les tyrans et leurs satellites, les généraux doivent, en entrant dans chaque commune, y publier une proclamation pour faire voir aux peuples que nous leur apportons le bonheur; ils doivent supprimer sur-le-champ et les dîmes et les droits féodaux, et toute espèce de servitude. Vos comités ont encore pensé que vous n'auriez rien fait si vous vous bornez à ces seules suppressions. L'aristocratie gouverne par-tout; il faut donc détruire toutes les autorités existantes. Aucune institution du régime ancien ne doit exister lorsque le pouvoir révolutionnaire se montre. Si nous avions, dès le commencement de la guerre, adopté ces principes, nous n'aurions peut-être pas à pleurer la mort de nos frères assassinés à Francfort. Les anciens magistrats existoient dans cette ville, et vous vouliez que ce peuple fût libre! Il faut que le systême populaire s'établisse, que toutes les autorités soient renouvelées, où vous n'aurez que des ennemis à la tête des affaires. Vous ne pouvez donner la liberté à un pays, vous ne pouvez y rester en sûreté, si les anciens magistrats conservent leurs pouvoirs; il faut absolument que les sans-culottes participent à l'administration : déjà, citoyens, les aristocrates des pays qu'occupent nos armées, abattus au moment de notre entrée, voyant que nous ne détruisions rien, ont conçu de nouvelles espérances; ils ne dissimulent plus leur joie féroce; ils croient à une Saint-Barthelemi; et il ne seroit pas difficile de prouver qu'il existe déjà, dans la province de la Belgique, quatre ou cinq partis qui veulent dominer le peuple ; déjà les aristocrates versent de l'or pour couserver leur ancienne puissance. On n'y voit que les nobles, le clergé, les états; et le peuple n'y est rien : il reste abandonné à lui-même; et vous voulez qu'il soit libre! Non, il ne le sera jamais, si nous ne prononçons plus fortement nos principes.

Vous avez vu les représentans de ce peuple venir à votre barre ; timides et foibles, ils n'ont pas osé vous avouer leurs principes, ils étoient tremblans; ils vous ont dit : Nous abandonnerez-vous? Vos armées nous quitteront-elles avant que notre liberté soit assurée? Nous livrerez-vous à la merci de nos tyrans? Nous ne sommes pas assez forts. Accordez-nous votre protection, vos forces..... Non, citoyens, vous ne les abandonnerez pas, vous étoufferez le germe de leurs divisions et des malheurs qui les menacent. Votre conduite en Savoie doit vous servir d'exemple; le peuple, encouragé par la présence de vos commissaires, s'est prononcé plus fortement; il a commencé par tout détruire pour tout exercer : alors son vœu n'a plus été douteux ; il s'est montré digne d'être libre, et vous a donné un exemple que vous devez porter chez les autres peuples. Suivons donc cette marche dans les pays où nous serons obligés de faire naître des révolutions ; mais en détruisant les abus, ne négligeons rien pour protéger les personnes et les propriétés.

Vos comités ont cru qu'en proclamant la destruction des abus, des autorités existantes, il falloit que de suite les peuples fussent convoqués en assemblées primaires, et qu'ils nommassent des administrateurs et des juges provisoires pour faire exécuter les lois relatives à la propriété et à la sûreté des personnes. Ils ont cru en même-temps que ces administrations provisoires pouvoient nous être utiles sous plusieurs autres rapports.

En entrant dans un pays, quel doit être notre premier soin ? C'est de conserver au peuple souverain les biens que nous appelons nationaux, et qui, dans toute l'Europe, ont été usurpés par des privilégiés. Il faut donc mettre sous la sauve-garde de la nation les biens, meubles et immeubles appartenans au fisc, aux princes, à leurs fauteurs, adhérens, participes, à leurs satellites volontaires, aux communautés laïques et ecclésiastiques, à tous les complices de la tyrannie; et pour qu'on ne se méprenne pas sur les intentions pures et franches de la République françoise, vos comités ne vous proposent pas de nommer des administrateurs particuliers pour l'administration et régie de ces biens, mais d'en confier le soin à ceux qui seront nommés par le peuple. Nous ne prenons rien, nous conservons tout pour les frais indispensables pour une révolution.

Vous sentez qu'en accordant cette confiance aux administrations provisoires, vous aurez alors le droit d'en exclure tous les ennemis de la République qui tenteroient de s'y introduire. Nous proposons donc que personne ne puisse être admis à voter pour l'organisation des administrations provisoires, ni être élu s'il ne prête serment à la liberté et à l'égalité, et s'il ne renonce, par écrit, à tous les priviléges et prérogatives dont il pourroit avoir joui.

Ces précautions prises, vos comités ont pensé qu'il ne falloit pas encore abandonner un peuple peu accoutumé à la liberté, absolument à lui-même; qu'il falloit l'aider de nos conseils, fraterniser avec lui: en conséquence il a pensé que, dès que les administrations provisoires seroient nommées, la Convention devoit leur envoyer des commissaires tirés de son sein, pour entretenir avec elles des rapports de fraternité. Cette mesure ne seroit pas suffisante: les représentans du peuple sont inviolables, ils ne doivent jamais exécuter. Il faudra donc nommer aussi des exécuteurs. Vos comités ont pensé que le conseil exécutif devoit envoyer, de son côté, des commissaires nationaux qui se concerteront avec les administrations provisoires pour la défense du pays nouvellement affranchi, pour assurer les approvisionnemens et les subsistances des armées, et enfin se concerter sur les moyens qu'il y aura à prendre pour payer les dépenses que nous aurons faites ou que nous ferons sur leur territoire.

Vous devez penser qu'au moyen de la suppression des contributions anciennes, les peuples affranchis n'auront point de revenus ; ils auront recours à vous, et le comité des finances croit qu'il est nécessaire d'ouvrir le trésor public à tous les peuples qui voudront être libres. Quels sont nos trésors? Ce sont nos biens territoriaux que nous avons réalisés en assignats. Conséquemment, en entrant dans un pays, en supprimant ses contributions, en offrant au peuple une partie de nos trésors pour l'aider à reconquérir sa liberté, nous lui offrirons notre monnoie révolutionnaire ; cette monnoie deviendra la sienne : nous n'aurons pas besoin alors d'acheter, à grands frais, du numéraire pour trouver dans le pays même des habillemens et des vivres ; un même intérêt réunira les deux peuples pour combattre la tyrannie : dès-lors nous augmenterons notre propre puissance, puisque nous aurons un moyen d'écoulement pour diminuer la masse des assignats circulans en France, et l'hypothèque que fourniront les biens mis sous la sauve-garde de la République, augmentera le crédit de ces mêmes assignats.

Il sera possible qu'on ait recours à des contributions extraordinaires, mais alors la République françoise ne les fera pas établir par ses généraux : ce mode militaire ne seroit propre qu'à jeter dans l'esprit des contribuables une défaveur non méritée sur nos principes. Nous ne sommes point agens du fisc, nous ne voulons point vexer le peuple : eh bien ! vos commissaires, en se concertant avec les administrations provisoires, trouveront des moyens plus doux. Les administrateurs provisoires pourront établir sur les riches les contributions extraordinaires qu'un besoin imprévu pourroit exiger ; et les commissaires nationaux, nommés par le pouvoir exécutif, veilleront à ce que les contributions ne soient pas supportées par la classe laborieuse et indigente : c'est par-là que nous ferons aimer au peuple la liberté : il ne paiera plus rien, il administrera tout.

Mais vous n'aurez encore rien fait, si vous ne déclarez hautement la sévérité de vos principes contre quiconque voudroit une demi-liberté. Vous voulez que les peuples chez qui vous portez vos armes, soient libres : s'ils se réconcilient avec les castes privilégiées, vous ne devez pas souffrir cette transaction honteuse avec les tyrans ; il faut donc dire aux peuples qui voudroient conserver des castes privilégiées : vous êtes nos ennemis ; alors on les traitera comme tels, puisqu'ils ne voudront ni liberté, ni égalité. Si, au contraire, ils paroissent disposés à un régime libre et populaire, vous devez non-seulement leur donner assistance, mais les assurer d'une protection durable. Déclarez donc que vous ne traiterez jamais avec les anciens tyrans ; car les peuples pourroient craindre que vous ne les sacrifiassiez à l'intérêt de la paix. Faites la déclaration solemnelle de plutôt périr que de capituler avec les oppresseurs du peuple. Mais vous devez en même temps annoncer aux peuples que dès qu'ils auront déclaré leur indépendance et organisé une forme de gouvernement libre et populaire, tous les pouvoirs de l'administration provisoire et de vos commissaires cesseront.

A la fin de la guerre vous aurez des comptes à régler ; vous compterez avec les représentans de chaque peuple, et des dépenses que vous aurez faites, et des approvisionnemens qu'on vous aura fournis. Si l'on vous doit, vous prendrez des arrangemens comme vous en avez pris avec les Etats-Unis de l'Amérique; vous vous prêterez à tout ce qui pourra soutenir la liberté de vos voisins. Si, au contraire, vous êtes redevables, vous payerez comptant; car la République n'a pas besoin de crédit.

Le projet de décret que vos comités m'ont chargé de vous présenter est rédigé d'après ces principes; il renferme quelques articles de détail, comme celui d'obliger les commissaires nommés par le pouvoir exécutif, de lui rendre leurs comptes qui seront soumis à la révision de l'assemblée qui doit toujours être le centre de l'autorité.

Ce projet de décret est accompagné d'une proclamation qui doit être faite par les généraux pour annoncer au peuple nos principes, et pour convoquer les habitans et les réunir en assemblées primaires ou communales pour organiser les administrations et justices provisoires.

Ce projet n'a été arrêté que ce matin; je n'ai pas fait un rapport par écrit, parce qu'il étoit instant de vous le soumettre.

PROJET DE DÉCRET.

La Convention nationale, après avoir entendu le rapport de ses comités des finances, de la guerre et diplomatique, réunis, fidèle aux principes de la souveraineté du peuple, qui ne lui permet pas de reconnoître aucune des institutions qui y portent atteinte; et voulant fixer les règles à suivre par les généraux des armées de la République dans les pays où ils porteront les armes, décrète :

ARTICLE PREMIER.

Dans les pays qui sont ou seront occupés par les armées de la République, les généraux proclameront sur-le-champ, au nom de la nation française, la souveraineté du peuple, la suppression de toutes les autorités établies, des impôts ou contributions existans, de la dîme, de la féodalité, des droits seigneuriaux, tant féodaux que censuels, fixes ou casuels, des banalités, de la servitude réelle ou personnelle, des privilèges de chasse et de pêche, des corvées, de la noblesse et généralement de tous les privilèges.

II.

Ils annonceront au peuple qu'ils lui apportent paix, secours, fraternité, liberté et égalité, et ils le convoqueront de suite en assemblées primaires ou communales, pour créer ou organiser une administration et une justice provisoire; ils veilleront à la sûreté des personnes et des propriétés; ils feront imprimer en langue ou idiôme du pays, afficher et exécuter dans chaque commune, le présent décret et la proclamation y annexée.

III.

Nul ne pourra être admis à voter dans les assemblées primaires ou communales, et ne pourra être nommé administrateur ou juge provisoire, sans avoir prêté le serment à la liberté et à l'égalité, et sans avoir renoncé, par écrit, aux priviléges et prérogatives dont il pourroit avoir joui.

IV.

Les généraux mettront de suite, sous la sauve-garde et protection de la République française, tous les biens, meubles et immeubles appartenans au fisc, au prince, à ses fauteurs, adhérens et satellites volontaires, aux établissemens publics, aux corps et communautés laïques et ecclésiastiques; ils en feront dresser sans délai un état détaillé qu'ils enverront au conseil exécutif, et ils prendront toutes les mesures qui seront à leur pouvoir, afin que ces propriétés soient respectées.

V.

L'administration provisoire, nommée par le peuple, sera chargée de la surveillance et régie des objets mis sous la sauve-garde et protection de la République française. Elle veillera à la sûreté des personnes et des propriétés. Elle fera exécuter les lois en vigueur, relatives aux jugemens des procès civils et criminels, à la police et à la sûreté publique. Elle sera chargée de régler et faire payer les dépenses locales; et celles qui seront nécessaires pour la défense commune. Elle pourra établir des contributions, pourvu, toutefois, qu'elles ne soient pas supportées par la partie indigente et laborieuse du peuple.

VI.

Dès que l'administration provisoire sera organisée, la Convention nationale nommera des commissaires, pris dans son sein, pour aller fraterniser avec elle.

VII.

Le conseil exécutif nommera aussi des commissaires nationaux, qui se rendront de suite sur les lieux pour se concerter avec les généraux et l'administration provisoire nommée par le peuple, sur les mesures à prendre pour la défense commune, et sur les moyens à employer pour se procurer des habillemens et subsistances nécessaires aux armées, et pour acquitter les dépenses qu'elles ont faites ou feront pendant leur séjour sur son territoire.

VIII.

Les commissaires nationaux, nommés par le conseil exécutif, lui rendront compte, tous les quinze jours, de leurs opérations ; le conseil exécutif les approuvera, modifiera ou rejettera, et en rendra compte à la Convention.

IX.

L'administration provisoire nommée par le peuple, et les commissaires nationaux, cesseront aussi-tôt que les habitans, après avoir déclaré la souveraineté et l'indépendance du peuple, la liberté et l'égalité, auront organisé une forme de gouvernement libre et populaire.

X.

Il sera fait état des dépenses que la République française aura faites pour la défense commune, et des sommes qu'elle pourra avoir reçues ; la nation française prendra, avec le gouvernement qui sera établi, des arrangemens pour ce qui pourra être dû ; et en cas que l'intérêt commun exigeroit que les troupes de la République restassent encore, à cette époque, sur le territoire étranger, elle prendra les mesures convenables pour les faire subsister.

XI.

La nation française déclare qu'elle traitera comme ennemi le peuple qui, refusant la liberté et l'égalité, ou y renonçant, voudroit conserver, rappeler ou traiter avec le prince et les castes privilégiées; elle promet et s'engage de ne souscrire aucun traité, et de ne poser les armes qu'après l'affermissement de la souveraineté et de l'indépendance du peuple sur le territoire duquel les troupes de la République seront entrées, et qui aura adopté les principes de l'égalité, et établi un gouvernement libre et populaire.

XII.

Le conseil exécutif enverra le présent décret par des couriers extraordinaires, à tous les généraux, et prendra les mesures nécessaires pour en assurer l'exécution.

PROCLAMATION.

Le Peuple Français, au Peuple.....

FRERES ET AMIS,

Nous avons conquis la liberté, et nous la maintiendrons : nous offrons de vous faire jouir de ce bien inestimable, qui vous a toujours appartenu, et que vos oppresseurs n'ont pu vous ravir sans crime. Nous avons chassé vos tyrans; montrez-vous hommes libres, et nous vous garantirons de leur vengeance, de leurs projets et de leur retour.

Dès ce moment la Nation française proclame la souveraineté du peuple, la suppression de toutes les autorités civiles et militaires qui vous ont gouvernés jusqu'à ce jour, et de tous les impôts que vous supportez sous quelque forme qu'ils existent, l'abolition de la dîme, de la féodalité, des droits seigneuriaux, tant féodaux que censuels, fixes ou casuels, des banalités, de la servitude réelle et personnelle, du droit exclusif de chasse et de pêche, de corvée, de la gabelle, des péages, des octrois, et généralement toutes espèces de contributions dont vous avez été chargés par des usurpateurs.

Elle proclame aussi l'abolition parmi vous de toutes corporations nobiliaires, sacerdotales et autres, de toutes les prérogatives et priviléges contraires à l'égalité : vous êtes dès ce moment, frères et amis, tous Citoyens, tous égaux en droits, et tous appelés également à gouverner, à servir et à défendre votre Patrie.

Formez-vous sur-le-champ en assemblées primaires ou de communes; hâtez-vous d'établir vos administrations et justices provisoires : les agens de la République française se concerteront avec vous pour assurer votre bonheur et la fraternité qui doit exister désormais entre nous.

www.ingramcontent.com/pod-product-compliance
Ingram Content Group UK Ltd.
Pitfield, Milton Keynes, MK11 3LW, UK
UKHW032040260826
14628UKWH00007B/3080

9 782016 168660